AF191271

Carsten Goersch

EXODUS

Der längere Weg in die Freiheit

Die Deutsche Nationalbibliothek verzeichnet diese Publikation in der Deutschen Nationalbibliografie; detaillierte bibliografische Daten sind im Internet über dnb.dnb.de abrufbar.

© 2024 Carsten Goersch

Kontakt: settetemi@gmail.com

Verlag: BoD • Books on Demand GmbH, In de Tarpen 42, 22848 Norderstedt

Druck: Libri Plureos GmbH, Friedensallee 273, 22763 Hamburg

ISBN: 978-3-7597-7595-5

Alle Zitate der Bibel wurden der unrevidierten Elberfelder Übersetzung aus dem Jahre 1905 entnommen.

Coverbild: "Oasis in the desert"

„In the wilderness

He calls His sons and daughters

In the wilderness

But He gives grace sufficient

To survive any test

And that's the painful purpose

Of the wilderness"

Michael Card

INHALT

Vorwort

Gott führte sein Volk nicht auf dem schnellsten Weg aus der Knechtschaft Ägyptens in die Freiheit des "Gelobten Landes". Vielmehr machte er mit ihm einen langen Umweg über den Süden der Sinaihalbinsel. Aus zwei Wochen, die die Route an der Mittelmeerküste entlang gedauert hätte, sollten zwei Jahre werden. Tatsächlich wurden es, bedingt durch die Rebellion Israels gegen seinen Bundesgott, 40 lange Jahre.

Du wirst nun sagen: "Schön und gut! Aber wen interessiert es, ob 600.000 Schafhirten mit ihren Familien vor 3480 Jahren 40 Jahre lang durch eine Wüste irrten? Da gäbe es doch weitaus wichtigere Ereignisse aus der jüngeren Geschichte, oder gar dem Tagesgeschehen, die es zu durchdenken gäbe. Was soll also die, wahrscheinlich langweilige, Beschäftigung mit Geschichtchen, die wir vielleicht noch aus Zeiten kennen, da wir die Sonntagsschule oder den Kindergarten besuchten?"

Recht hast du! Rein geschichtlich bewertet, gab es wahrscheinlich sehr viel wichtigere Ereignisse. Aber es geht bei der Wüstenwanderung Israel weniger um faktische Geschichte, als um zeitlose Dynamiken. Nicht, dass wir uns falsch verstehen: Der Autor ist der Überzeugung, dass es sich bei dem "Exodus" um tatsächlich so geschehene Geschichte handelt. Aber er glaubt auch, dass diese Geschichte Anschauungsmaterial darstellt, das unser Leben mit und vor Gott veranschaulicht. Und damit ist es zeitlos und von unschätzbarem Wert!

In den sieben ausgewählten Szenen der Wüstenwanderung geht es, unter anderem, um Lebenshunger- und Lebensdurst, um Frosch- und Adlerperspektiven, um Wünsche, die eintreffen und solche, die uns versagt bleiben. Die ausgewählten Begebenheiten aus dem Buch Exodus (2. Buch Moses) und dem Buch Numeri (4. Buch Moses) erklären die Art und Weise, wie wir mit Gott umgehen und er mit uns. Insofern ist es praktisch bedeutsame Theologie, die uns hilft, das Leben besser zu verstehen.

Der längere Weg in die persönliche Freiheit ist tatsächlich der bessere. Das ist die Lektion der Wanderung des Volkes Israels durch die Wüste. Wir wünschen dem Leser eine gesegnete Lektüre!

Siegen, im August 2024

Die Führungen Gottes

Der Weg in die Wüste

2. Mo 13:17-22.

Der Jakobsweg ist ein ungefähr 800 Kilometer langer Pilgerweg im Norden Spaniens. Er hat das angebliche Grab des Apostels Jakobus in der Stadt Santiago di Compostela in Galicien zum Ziel. Seit 1993 zählt er zum UNESCO-Welterbe. Jährlich gehen tausende Menschen diesen Weg, um sich selbst, aber auch Gott zu finden. Allein im Jahr 2017 machten Wanderer aus über 177 Ländern den Weg.

Der Weg der Heiligung ist noch älter als der Jakobsweg. Sein Ziel ist der auferstandene Herr. Er führt von der Bekehrung des Gläubigen bis zu dessen Aufnahme in den Himmel. Er ist ein gemeinsames Erbe aller Heiligen zu allen Zeiten. Viele Abertausende Menschen sind ihn gegangen, solange es den Glauben gibt. Sie haben dabei einen unsichtbaren heiligen Gott, aber auch ihre eigene Seele besser kennengelernt.

Der Weg Israels durch die Wüste ist hierfür ein anschauliches Bild. Überraschenderweise führte der Bundesgott der Juden sein Volk nicht auf dem kürzesten

Weg in das gelobte Land. Anstatt dessen wählte er den langen, ungewöhnlichen Weg durch die Wüste. Zum einen wollte er seine Kinder seine eigene, heilige Natur offenbaren. Zum anderen wollte er ihnen aber auch einen Einblick in ihr eigenes, verdorbenes Wesen geben. Hiervon berichtet uns 2. Mo 13:17-22.

Die Führungen Gottes

Gott führt uns behutsam

Gott führt uns langsam

Gott führt uns persönlich

Gott führt uns behutsam.

Damit es das Volk nicht gereue, wenn sie den Streit sehen,

und sie nicht nach Ägypten zurückkehren.

(2.Mo 13:17)

Die Macht des Pharaos war gebrochen. Nun übernahm ein anderer die Führung. Der führte die Erlösten behutsam. Er wählte für sie den langen Weg über die Sinaihalbinsel, nicht etwa den kurzen durch das Land der Philister. Dafür hatte er seine Gründe. Er wusste um die Unerfahrenheit der Schafhirten im militärischen Kampf. Er wollte sie nicht durch frühe kriegerische Auseinandersetzungen erschrecken.

Der kürzere Weg hätte durch das Land der Philister geführt. Die als „Horusweg" bekannte Handelsstraße stand unter ägyptischer Kontrolle. Er hätte die Erlösten in ungefähr 2 Wochen ins gelobte Land gebracht. Er hätte sie aber auch ganz sicher in einen militärischen Konflikt mit den ehemaligen Besatzern geführt. So war es weise von Gott, dass doch sehr zerbrechliche Millionenvolk zunächst in die Wüste umzuleiten.

Gott führt seine Kinder behutsam. Er lässt die Bekehrten in Ruhe und Beschaulichkeit heranwachsen. Danach gewöhnt er sie allmählich an Dienst und Belastung. Bis sie individuell wie auch kollektiv zur vollen „Mannesgröße" herangewachsen sind, wie es Eph 4:13 sagt, dauert es seine Zeit. Gott baut seine Diener behutsam auf, bevor er sie definitiv in die geistliche Auseinandersetzung schickt.

Streit ist schlecht für die Ohren von Gotteskindern. Viele wenden sich angewidert von der Gemeinde ab, wenn sie dessen Zeugen werden. Daher warnt der Apostel Paulus: „Den Schwachen im Glauben aber nehmet auf, doch nicht zur Entscheidung zweifelhafter Fragen" (Röm 14:1). Es scheint das Vorrecht der Neubekehrten zu sein, sich ihres neu erworbenen Heils in Christo ausgiebig und ungetrübt freuen zu dürfen.

Gott will, dass sich die Erlösten an der „Milch des Wortes" (1.Pe 2:2) erfreuen und sättigen. Deshalb führte er Israel an den Sinai. Dort erwartete sie das „theologische Jahr". Sie lernten dort, wer Gott ist und wie man mit ihm umgeht. Deshalb führt Gott auch heute noch zu seinem Wort, wenn wir uns zu ihm bekehren. Manch einer entscheidet sich in dieser Zeit dann auch, eine Bibelschule zu besuchen.

Die Kinder Gottes haben das Recht auf eine gewisse Harmonie in der Familie Gottes. Deshalb sollte man sie nicht zu früh in Verantwortung setzen. Denn dort hören sie Dinge, die noch nichts für ihre Ohren sind. Das Geschäft mit Sünde und Versagen kann mitunter nervenzehrend sein. Nein, ein Neubekehrter hat das Recht, sich ausgiebig an seiner Errettung und der Güte Gottes zu freuen.

Wenn du gewusst hättest, was da nach der Bekehrung auf dich zukommen würde, hättest du dann diesen Schritt getan? Ich glaube nicht. Deshalb führt Gott dich den längeren Weg der Heiligung. Deshalb lehrt er dich nach und nach den Kampf gegen die Sünde. Deswegen deckt er deine Schwächen und Fehler erst nach und nach auf. Ansonsten wäre die Gefahr groß, dass du auf dem Absatz umdrehen würdest.

Gott führt uns langsam

Und es geschah, als der Pharao das Volk ziehen ließ, da führte Gott sie nicht den Weg durch das Land der Philister, wiewohl er nahe war

(2.Mo 13:17)

Gott führte sein Volk zum Sinai hinunter. Er führte es nicht nach Kanaan hinauf. Dieser Weg dauerte viel länger. Nach menschlichem Ermessen war er nicht zielführend. Aus 2 Wochen sollten nun 2 Jahre werden. Denn am Sinai angekommen, verordnete der Allmächtige seinem Volk das „theologische Jahr". Durch Israels Ungehorsam wurden später sogar 40 lange Jahre daraus.

Sterbend schärfte Mose dann später der neuen Generation den Sinn im Unsinn ein: „Und du sollst gedenken des ganzen Weges, den der Herr, dein Gott dich hat wandern lassen diese vierzig Jahre in der Wüste, um dich zu demütigen, um dich zu versuchen, um zu erkennen, was in deinem Herzen ist, ob du seine Gebote beobachten würdest oder nicht" (5.Mo 8:2).

„Gottes Mühlen mahlen langsam, aber gründlich", sagen wir zu Recht. Gott nimmt sich Zeit für die Lektionen, die er uns lernen lässt. Er führt uns manchmal so lange im Kreis herum, bis uns schwindlig wird. Erst wenn wir zu der Erkenntnis kommen, dass er recht hat, gibt er sich zufrieden. Wir *bekehren* uns vielleicht in einem Engpass unseres Lebens, aber wir *bereuen* erst unter der aufreibenden Erfahrung der Heiligung.

Gott führte sein Volk in die Wüste. Er wollte sehen, was sie tun, wenn sie nichts zu tun hatten. Er wollte sehen, wie sie reagieren, wenn er sie warten ließ. Er wollte sehen, ob sie *seinen* Anordnungen genauso nachkommen würden wie denen des Pharao. Wie würden sie sich verhalten, wenn sie Hunger oder Durst hatten? Wie würden sie mit ihrer Lust umgehen? Gott prüfte sein Volk in dem „Versuchslabor" der Wüste.

Gleiches tut er mit uns. Darüber dürfen wir uns freuen. Denn wir lernen uns in dem Heiligungsprozess besser kennen. Wir hätten niemals geahnt, wozu wir fähig sind. Wahrscheinlich hätten wir uns nie bekehrt, wenn wir gewusst hätten, welche dunklen Seiten Gott uns an uns zeigen würde. Hatten wir bislang an das Gute im Menschen geglaubt, so mussten wir doch immer mehr zugeben, dass er durch und durch böse ist.

Grundsätzlich darf man wohl sagen, dass Gott uns nicht immer die kürzesten Wege führt. Dies entspräche zwar unserem modernen Effizienzdenken, nicht aber seiner göttlichen Weisheit. „Chi va piano, va lontano", sagt das italienische Sprichwort. "Wer langsam geht, kommt weit", auch im Glauben. Das mag diejenigen beruhigen, die nach Ihrer Hinwendung zu Gott vor lauter Nervosität den „Turbo" einschalten wollen.

Gott führt seiner Erlösten behutsam. Er geht dabei mit der Umsicht eines erfahrenen Hirten vor. „Mein Herr weiß, dass die Kinder zart sind und dass ich säugende Schafe und Kühe bei mir habe", hören wie Jakob in 1.Mo 33:13 sagen. Deshalb nimm dir Zeit und nicht das Leben. Gehe den Weg der Nachfolge gemächlich. Viele Senkrechtstarter sind steil abgestürzt. Füge dich deshalb in den „Trott" der Herde Gottes.

Gott führt uns persönlich.

Und der Herr zog vor ihnen her, des Tages in einer

Wolkensäule, um sie auf dem Wege zu leiten, und des Nachts in

einer Feuersäule, um ihnen zu leuchten, damit sie Tag und

Nacht ziehen könnten

(2.Mo 13:21)

Gott selbst zog vor seinem Volk her. Tagsüber in einer Wolkensäule, um sie zu leiten und nachts in einer Feuersäule, um ihnen zu leuchten. Dies ermöglichte dem Volk Gottes einen ununterbrochenen Marsch und damit eine schnelle Flucht. Er blieb bei Ihnen, solange sie es brauchten. Zwar hingen sie an Mose und Aaron, aber jeder von ihnen konnte das Zeichen der Gegenwart Gottes mit eigenen Augen sehen.

Es ist wichtig, dass wir Menschen zu Gott führen, wenn sie sich bekehren. Wir neigen aber dazu, sie an uns zu binden, doch das ist verhängnisvoll. Gute Seelsorge führt zu dem Arzt der Seele und nicht etwa zu dessen Sprechstundenhilfe. Ein Jünger Jesu muss lernen, auf die Stimme seines Meisters zu hören. Ein Heiliger muss in Tuchfühlung mit dem Heiligen Geist kommen, damit er dessen Führen begreift.

Ein alter ostfriesischer Bruder wurde um ein Schlusswort gebeten. Die abendliche Bibelstunde hatte die Trennung Lots von Abraham zum Thema. „Abraham folgte Gott, Lot folgte Abraham. Da ist ein Unterschied. Amen!", konstatierte der alte Gläubige kurz und prägnant. Er traf den Nagel auf den Kopf. Es gibt wenige Menschen, die Gott folgen, und es gibt viele Menschen, die Menschen nachfolgen.

Das war die Unsicherheit Samuels. Er war hingegeben. Er war zu allem bereit. Er schlief im Tempel neben der Lade des Bundes. Aber als Gott ihn rief, da lief er zu Eli. Dreimal geschah dies. Dann aber erkannte der alte Hohepriester, dass Gott selbst den Knaben rief. Und die Schrift bemerkt: „Samuel aber kannte den Herrn noch nicht, und das Wort des Herrn war ihm noch nicht geoffenbart" (1.Sam 3:7).

Wenn wir uns fragen, wie Gott führt, dann müssen wir sagen: durch seine persönliche Gegenwart. Diese ist immer erkennbar. Egal, ob es uns gut oder schlecht geht. Aber wir sollten geübte Sinne zur Unterscheidung des Guten und des Bösen entwickeln, wie es Heb 5:14 **sagt**. Wir wissen, dass es hierzu Zeit und Übung braucht. Wir sollten uns immer wieder fragen: Wo ist der Herr gerade und wie würde er jetzt reagieren?

In den hellen und schönen Zeiten des Lebens verhüllt Gott oftmals seine Gegenwart. In den dunklen und unschönen Zeiten ist sie umso heller und deutlicher zu erkennen. Er ist uns jedenfalls in diesen wie in jenen nahe, um uns persönlich zu führen. Wir dürfen aufschauen zu ihm. Denn er ist der Herzog seines Volkes. „Er uns voraus und uns voran" heißt es deshalb richtig in dem Lied „Nun aufwärts froh den Blick gewandt".

Wie führt uns also Gott? Er führt uns behutsam, langsam und höchst persönlich. Er führt uns nicht auf einem Jakobsweg zu einem Apostelgrab. Er führt uns vielmehr durch seine Gegenwart zu einem himmlischen Ziel. Dabei lernen wir ihn und auch uns selber besser kennen. Auch wenn das manchmal lange dauert. Aber wer langsam geht, kommt weit. Auch in der Heiligung.

Das Geheimnis des Kreuzes

Die Wasser von Mara

2.Mo 15:22-27

Der Spargel ist der König unter den Gemüsen. Viele mögen ihn, manche lehnen ihn auch ab. Das Problem an dem Stangengemüse ist, dass es mitunter bitter schmecken kann. Die erfahrene Hausfrau gibt dann Butter oder Zucker in das Wasser und der Spargel verliert seine Bitterkeit. Wer ihn dann mit einem Rohschinken, Sauce Hollandaise und Weißwein genießt, weiß, warum die weißen Fasern als „Edelgemüse" gehandelt werden.

Auch das Leben von Gläubigen kann sich mitunter bitter gestalten. Sie erleben Enttäuschungen, Entbehrungen und Leid. In diesen Momenten ist es wichtig, das Kreuz Christi richtig zu begreifen. Denn dieses hat verändernde Kraft. Es macht uns ungenießbare Dinge genießbar. Es lehrt uns, dass dem Segen häufig eine Prüfung vorausgeht und dass der Weg zur Herrlichkeit durch Leiden führt.

Plastisch lehrt diese Wahrheit die erste Station der Wüstenwanderung Israels. Das Millionenvolk kam nach 3 Tagesmärschen an einer versalzenen Oase an, die es infolgedessen Mara (hebräisch: „Bitterkeit") nannte. Es murrte gegen Moses und dieser betete zu Gott. Dieser wiederum wies ihm ein Holz. Als der Prophet es auf das Wasser warf, wurde dieses genießbar. Hiervon lesen wir in 2.Mo 15:22-27.

Das Geheimnis des Kreuzes

Die Bitterkeit des Lebens

Die Kraft des Kreuzes

Eingetroffene Wünsche

Die Bitterkeit des Lebens

Und sie kamen nach Mara; aber sie konnten das Wasser von Mara nicht trinken, denn es war bitter: Darum gab man ihm den Namen Mara.

(2.Mo 15:23)

Sie waren aus dem Land Gosen aufgebrochen. Sie hatten die Macht Gottes am Schilfmeer erlebt. Das Millionenvolk hatte seinen Lobgesang auf Gott erhoben. Und nun standen sie da und hatten Durst. Ungefähr 200 Kilometer Wegstrecke hatten sie zurückgelegt, als sie nach Mara kamen. Und siehe da: Wasser! Aber dieses war ungenießbar. So murrten sie zum ersten Mal gegen Moses.

Es ist schon seltsam, wie nahe Sieg und Niederlage im Glaubensleben beieinanderliegen. Eben noch hatten sie Loblieder auf Gott gesungen, und nun murrten sie gegen ihn und seinen Propheten. Es war *eine* Sache, den Sieg über den Feind davonzutragen, aber eine *andere* Sache, die eigene Unzufriedenheit zu bezwingen. Die Hitze der Wüste, die Strapaze des Marsches und die Täuschung einer Oase ließen Israel murren.

Das Leben, auch das als Christ, hat seine eigene Bitterkeit. Dann nämlich, wenn unsere Erwartungen enttäuscht werden. Wir ertragen es für einige Zeit, Entbehrungen auf uns zu nehmen, aber irgendwann erwarten wir auch die Belohnung dafür. Wenn Gott uns dann zu täuschen scheint, sind wir enttäuscht. Wir lechzen nach Stärkung der Seele, nach Stillung des Durstes und nach der Ruhe der Rastlosen.

Es waren zwei Männer, die mich tief enttäuscht hatten. Der erste war mein Vater, der zweite mein Patenonkel. Ersterer hatte mir versprochen, mich im Krankenhaus zu besuchen - und kam nicht. Zweiterer hatte mir versprochen, mir zum Geburtstag ein „Bonanzarad" zu schenken. Auch er ließ sich nicht blicken. Seitdem habe ich ein Problem mit Männern, die ihr Wort nicht halten.

Manchmal scheint es mit Gott ähnlich zu sein. Du wartest auf ihn und er lässt sich nicht blicken. Du wartest auf ein geistliches Ereignis und es trifft nicht ein. Du hast durchgehalten, hast ausgehalten, hast gekämpft und bist nun müde. Mit dem Psalmisten möchtest Du sagen: „Wie ein Hirsch lechzt nach Wasserbächen, also lechzt meine Seele nach dir, o Gott" (Ps 42:1).

Viele Menschen, die sich bekehren, kennen diesen bitteren Moment. Dann nämlich, wenn sie die Realität des Alltags wieder einholt. Sie haben die Vergebung ihrer

Schuld erfahren, sie haben den Glauben in der Taufe bekannt, sie haben gesehen und geschmeckt, dass der Herr gütig ist (Ps 34:8). Und nun holt sie die krude Gleichförmigkeit des Arbeitslebens wieder ein und es ist bitter in ihren Augen.

Die Bitterkeit des ganz normalen Christenlebens ist eine Realität aller Gläubigen zu allen Zeiten. Sie hat ihren Grund meist in einer gewissen Kurzsichtigkeit. Denn wenn man einen Moment zuwartet, treffen die Verheißungen Gottes dann doch ein. Sie hat ihren Grund aber auch darin, dass wir das Kreuz Christi noch nicht ganz verstanden haben. Denn dieses hat die Macht, uns bittere Dinge süß zu machen.

Die Kraft des Kreuzes

Und er schrie zu dem Herrn, und der Herr wies ihm ein

Holz; und er warf es in das Wasser, und das Wasser wurde süß.

(2.Mo 15:25)

Sie murrten gegen Moses. Dieser reagierte, reflektorisch, mit Gebet darauf. Gott erhörte ihn. Er zeigte ihm irgendein Stück Holz, das zufällig in der Wüste lag. Das nahm der Prophet und warf es in die verseuchte Oase. Infolgedessen wurden die bitteren Wasser von Mara süß. Der Durst wurde gestillt und die Welt war zumindest für kurze Zeit wieder in Ordnung.

Wo immer im AT von Holz die Rede ist, sollten wir damit rechnen, dass die Schriften über das Kreuz mit uns sprechen möchten. So auch hier. Möglicherweise war es Akazienholz. Wir wissen es nicht. Es hatte verwandelnde Kraft. Zumindest in dieser geheiligten Situation. Und so spricht es von der verändernden Kraft des Kreuzes von Golgatha. Diese haben viele von uns erfahren und können sie persönlich bezeugen.

Was verstehen wir unter der verändernden Kraft des Kreuzes? Nun, das Kreuz befähigt uns, unannehmbare Dinge anzunehmen. Denn das Kreuz stellt eine verkehrte

Welt wieder auf die Beine. So wie damals die Kerze, die durch das Loch im Schuhkarton schien, seitenverkehrt auf der Projektionsfläche erschien. Das Kreuz ist der Schnittpunkt der Achsen von Lüge und Wahrheit, von Himmel und Hölle und von Gut und Böse.

Diese Lektion lehrte der Apostel Petrus die Juden in der Zerstreuung in seinem ersten Brief. Die Welt der rechtschaffenen Konvertiten stand kopf. Sie mussten unter der römischen Verfolgung leiden, obwohl sie nichts verbrochen hatten. Der Apostel beschließt seine Ausführungen mit dem Satz, „dass dies die wahre Gnade Gottes ist, in welcher ihr stehet" (1.Pe 5:12).

Seine Seelsorge bestand in der konsequenten Anwendung des Kreuzes. So wie der Christus leiden musste, mussten auch die ersten Christen leiden. Alles hatte seine Richtigkeit. Sie hatten nichts falsch gemacht. Er konnte sie beruhigen. Sie waren nicht aus der Gnade gefallen, nur weil es ihnen schlecht ging. Solange wir Menschen uns die Dinge erklären können, sind sie für uns auch in Ordnung.

Das Kreuz macht die Ungerechtigkeiten des Lebens für uns annehmbar. Jede Demütigung, die wir erfahren, wird zu einem Ritterschlag für uns. Jede Verleumdung, die man uns anhängt, lässt uns verstehen, dass wir in den Stand der Propheten erhoben worden sind. Jeder Wunsch, den Gott uns vorenthält, erweist sich als Bewahrung vor einem größeren Übel, das uns hätte passieren können. Die Dinge haben ihre Richtigkeit.

Wir vergessen recht schnell, dass Gott uns mit einer „harten Gnade" liebt. Wir glauben, dass wir ein Recht auf schnelle Wunscherfüllung und Bedürfnisbefriedigung haben. Aber wir vergessen dabei, dass Gott uns manches Mal erprobt, bevor er uns etwas schenkt. So manchem Segen geht eine Prüfung voraus. Und so manche Erfüllung eines Wunsches hat die Enttäuschung unserer Wünsche zum Vorboten.

Eingetroffene Wünsche

*Und sie kamen nach Elim, und daselbst waren zwölf
Wasserquellen und siebzig Palmbäume; und sie lagerten sich
daselbst an den Wassern.*

(2.Mo 15:27)

Sie brachen von Mara auf und kamen nach Elim. Vielleicht 20 Kilometer trennten die beiden Orte auf der Westseite der Sinaihalbinsel voneinander. Als sie ankamen, trauten sie ihren Augen nicht. 12 Wasserquellen und 70 Palmenbäume zeugten von einem äußerst erquicklichen und fruchtbaren Ort mitten in der Wüste. Also ließen sie sich nieder und pausierten.

Es scheint so, als ob Elim das eigentliche Ziel der Reise war. Damit wäre Mara nur eine vorläufige Prüfung gewesen. Der Vers 26 scheint dies zu bestätigen. Gott wollte sein Volk prüfen. In dieser Führung liegt eine tiefe Lektion für unser Glaubensleben. Nämlich die, dass Gott uns manchmal prüft, bevor er einen Segen gibt. Und dies ist die wahre Lehrstunde der Oasen bei Mara und Elim.

Den Durststrecken unseres Lebens folgen Zeiten der Erquickung von Gott. Jeder, der einen Herzenswunsch gehegt hat, weiß das. Die Sprüche fassen es so zusammen:

„Lang hingezogenes Harren macht das Herz krank, aber ein eingetroffener Wunsch ist ein Baum des Lebens" (Spr 13:12). Wie gut tut es, wenn das, was wir uns erwünscht oder erhofft haben, dann endlich auch eintrifft!

Nehmen wir zwei alte Glaubenshelden des Neuen Testaments als Beispiel: Hanna und Simeon. Beide erwarteten den Trost Israels. Sie waren über ihrem Warten alt geworden. Dann aber hielten sie den Messias auf ihren Armen. Der alte Simeon quittiert diese Erfüllung seines Wunsches mit den Worten: „Nun, Herr, entlässt du deinen Knecht" (Lk 2:29). Sein Wunsch und auch der Hannas war eingetroffen.

Wie sieht das bei dir aus? Gott hat zu dir geredet. Du wartest auf Gott. Das Warten wird dir lang. Du haderst mit Gott. Vielleicht hast du dich auch verhört, denkst du. Und dann bietet dir das Leben etwas an. Im ersten Moment scheint es gut, im zweiten Moment ist es bitter. Denke daran, dass Abraham einen Ismael zeugte, bevor er einen Isaak empfing. Warte ab! Halte durch! Wahrscheinlich ist die Erlösung näher, als du denkst.

Der Pastor und Widerstandskämpfer Dietrich Bonhoeffer (1906 – 1945) kannte diese Spannung im Warten auf Gott: *„Wer bin ich? Der oder jener? Bin ich denn heute dieser*

und morgen ein andrer? Bin ich beides zugleich? Vor Menschen
ein Heuchler und vor mir selbst ein verächtlich wehleidiger
Schwächling? Oder gleicht, was in mir noch ist, dem
geschlagenen Heer, das in Unordnung weicht vor schon
gewonnenem Sieg?"

Das Geheimnis des Kreuzes ist groß! Wir halten fest an dieser Wahrheit. Auch dann, wenn das Leben uns seine eigene Bitterkeit zeigt. Gerade dann wollen wir sagen, dass alles seine Richtigkeit hat. Diese aber kann uns nur die Schnittstelle zwischen Zeit und Ewigkeit offenbaren, nämlich das Kreuz. Dies kann uns bittere Dinge süß machen. So wie die Butter den bitteren Spargel.

Der Wert des Wortes

Das Brot des Himmels

2.Mo 16

„Nach 30 Kilometern kommt der Mann mit dem Hammer", sagen die Marathonläufer. Sie meinen damit, dass der Lauf ab diesem Zeitpunkt ungleich schwerer wird. Grund dafür sind mangelnde Energiereserven im Körper. Genauer gesagt: die Umstellung vom Kohlehydratabbau auf Fettabbau. Deshalb sind die Strecken der Athleten gesäumt von leeren Flaschen mit Energydrinks und den Hüllen von Power – Bars. Mit ihnen haben die Läufer sich über die Krise bei „Kilometer 30" hinweggeholfen.

Im Glaubensleben ist es ähnlich. Einige Zeit nach einer Bekehrung kommt zwar nicht der „Mann mit dem Hammer", wohl aber stellt sich eine gewisse Unzufriedenheit bei dem Gläubigen ein. Dies ist die Zeit, wo er lernen muss, sich aus der Heiligen Schrift zu ernähren. Denn das Glaubensleben ist ein Langstreckenlauf und nicht etwa ein Sprint. Wir werden ihn nicht bestehen können, wenn wir uns nicht schon früh an die uns verordnete Speise des Himmelsbrots gewöhnen.

Das Kapitel 16 des zweiten Buches Moses erzählt die Einführung des Mannas im Volk Gottes. Soeben war Israel der Knechtschaft Ägyptens entflohen, da begann auch schon das unzufriedene Murren gegen ihren Erlöser, nämlich Mose. Der Hunger, der Durst, die Ungewissheit erforderten das Eingreifen Gottes vom Himmel her. Und so ließ er Tag für Tag das Manna regnen. 40 Jahre lang sollte sich sein Volk von dieser ihm bis dahin unbekannten Speise ernähren.

Der Wert des Wortes

Die Natur des Wortes Gottes

Der Umgang mit dem Wort Gottes

Der Nährwert des Wortes Gottes

Die Natur des Wortes Gottes

Und die ganze Gemeinde der Kinder Israel murrte wieder
Mose und wider Aaron in der Wüste.

(2.Mo 16:2)

Sie waren nicht einverstanden. Mit Mose nicht, mit
Aaron nicht und mit Gott auch nicht. Sie murrten gegen die
von Gott eingesetzten Leitungsfiguren. Wahrscheinlich
hatten sie Hunger und vielleicht auch Durst. Sie wurden
ungeduldig und misstrauisch. Würden die beiden Brüder
fähig sein, das erlöste Volk auch zu versorgen? Sie nicht,
aber der Gott, dem die beiden vertrauten, denn der ließ das
Manna regnen.

Israel murrte also gegen die beiden Brüder, die sie zuvor
aus der Macht des Pharao gerettet hatten. Die Kinder Gottes
begehren bis heute gerne gegen ihre geistlichen Eltern auf.
Grund hierfür sind nicht selten Erkenntnisunterschiede.
Diese lassen sich nur beheben, indem man sich auf dem
Boden der Schrift trifft. Deshalb sollten Neubekehrte
schnell an den Umgang mit dem Wort gewöhnt werden.

Die Israeliten erinnerten sich an die Zeit, als sie „bei den
Fleischtöpfen saßen und Brot in Fülle zu essen hatten"
(2.Mo 16:3). Tatsächlich ist die Frage nach der Bekehrung:

Was macht mich satt? Die Antwort darauf ist: „Das Wort Gottes!" Wir müssen unsere „Ernährungsgewohnheiten" umstellen, wenn wir zum Glauben kommen. Die Bibel ist vielleicht nicht so „spicy" wie ein Thriller, aber doch sehr nahrhaft.

Das Brot, das der Herr gab, regnete in den Nächten vom Himmel (2.Mo 16:4). Die Schrift ist vom Himmel gehauchtes Wort Gottes. „Alle Schrift ist von Gott eingegeben", lehrt uns Paulus in 2. Tim. 3:16. Damit ist sie jeder anderen Literatur überlegen. Menschen schrieben sie zwar, aber sie wurden dabei vom Heiligen Geist getrieben (2.Pe 1:21). Immer dann, wenn wir sie unter Gebet lesen, spricht also Gott selbst zu uns.

Der Herr wollte Israel durch das Manna prüfen (2.Mo 16:4). Der Kanon der Schriften ist die Richtschnur unserer Gedankengebäude. Auch ist sie der Prüfstein unseres Denkens. Sie beurteilt uns, nicht etwa wir sie. Wo die Schrift redet, da reden wir. Und wo die Schrift schweigt, da schweigen wir. Gott prüft unseren Weg an der Schrift. Da müssen wir uns nach der Decke strecken.

Der Herr gab sich durch das Manna zu erkennen (2.Mo 16:12). Die Schrift ist somit auch die Selbstoffenbarung Gottes. Durch die Schriften ist Gott von den *lichten*

Himmelswelten in die *dunklen* Niederungen des menschlichen Denkens vorgedrungen. So wie der Vorhang im Tempel von oben nach unten zerriss und das Allerheiligste sichtbar wurde (Mt 27:51). Wer wissen will, wie Gott ist, der muss sein Wort lesen.

„Und als der Tau aufgestiegen war, siehe, da lag etwas in der Wüste, rund und klein, so fein wie der Reif auf der Erde" *(2.Mo 16:14)*. Es ist unmöglich, das geistgehauchte Wort ohne die Führung des Geistes Gottes zu verstehen. Wenn wir darum beten, leitet er uns in die tieferen Wahrheiten der Schrift. Seine Offenbarung überragt bei Weitem die Kommentare, die wir gerne dann in die Hand nehmen, wenn wir nichts verstehen.

Unser Umgang mit dem Wort Gottes

Und die Kinder Israel sahen es und sprachen einer zum anderen: Was ist das? Denn sie wussten nicht, was es war.

(2.Mo 16:15)

Als sie es fanden, wussten sie nichts damit anzufangen. „Man hu?", war ihre Frage, „Was ist das?". Also gab Gott ihnen Anweisungen für den fachgerechten Umgang mit der Himmelsspeise. Vor allem darüber, dass sie nicht konservierbar war. Dann aber auch über den individuellen Bedarf, den jeder sammeln sollte. Am Sonntag blieb die Küche kalt. Denn am siebten Tag ruhte Gott konsequent.

Die Heiligen Schriften sind anders als die profanen Schriften. Sie sind schroff in ihrer Gestalt. Sie sind abgeschlossen in ihrer Herstellung. Man kann sie nicht wie einen leichten Roman lesen. Sie sind süß zu essen und schwer zu verdauen. Sie haben ihre eigene Symbolik und Logik. Sie sind mal poetisch, mal episch und vieles mehr. Da steht man als Anfänger oftmals davor und fragt: „Man hu?" (2.Mo 16:15).

„Jeder soll davon sammeln … für die, die in seinem Zelt sind" (2.Mo 16:16). Dieses Wort gilt den Vätern unter uns. Sie sollten die tägliche Andacht in ihrem Haus garantieren.

Sie sollten das Wort lesen und erklären. Sie sollten im Gebet für die Glieder der von ihnen gegründeten Familie einstehen. Sie können ein Andachtsbuch oder die Losungen dafür hernehmen oder besser noch, ein Kapitel aus der Bibel lesen.

„Und die Kinder Israels … sammelten, der eine viel, der andere wenig", sagt die Schrift in 2.Mo 16:17. Da ist es wie mit unserem Frühstück: Dem einen reicht ein Kaffee, der andere will ein Müsli. Ein alter Bruder stand auf und sagte, er habe in der vergangenen Woche die 5 Bücher Mose gelesen. Und der Rest der Truppe staunte nicht schlecht. Jeder wird seinen Lesebedarf finden und dementsprechend essen.

„Aber sie gehorchten Mose nicht; denn etliche ließen davon übrig bis zum Morgen. Da wuchsen Würmer darin, und es wurde stinkend" (2.Mo 16:20). Das Wort Gottes ist nicht konservierbar! Diese Warnung gilt besonders Predigern. Sie sollten sich davor hüten, immer mal wieder einen bereits vorbereiteten Vortrag herzunehmen, um ihn zu halten. Vielmehr sollten sie, um das taufrische Wort vor Gott im Gebet ringen.

"Sechs Tage sollt ihr es sammeln, aber am siebten Tag ist der Sabbat, da wird keines zu finden sein" (2.Mo 16:26). Am

Sonntag dürfen wir von der Arbeit am Wort ruhen. Dann wird es Einer für uns predigen. Auch werden wir von den Erträgen der Woche zusammentragen. Dann hat jeder dem Herrn etwas in der Anbetung zu sagen. Die Gemeinschaft der Heiligen sollte das Wort reichlich unter sich wohnen lassen (Kol 3:16).

Der Herr gibt uns große Freiheit im Umgang mit seinem Wort. „Was ihr backen wollt, das backt, und was ihr kochen wollt, das kocht" (2.Mo 16:23). Dem einen gefällt es, Verse auswendig zu lernen. Der andere liest ein ganzes Buch an einem Tag. Den einen fasziniert die Plastizität des AT, der andere liebt die Systematik des NT. Wir sollten diesen Vorlieben folgen, aber niemals die Regeln der tradierten Auslegung verletzen.

Der Nährwert des Wortes Gottes

Und die Kinder Israel aßen das Man vierzig Jahre, bis sie in

ein bewohntes Land kamen; sie aßen das Man, bis sie an die

Grenze des Landes Kanaan kamen.

(2.Mo 16:35)

Das Volk Gottes wurde von Gott auf das Himmelsbrot festgelegt. Sie blieben bei dieser Speise 40 Jahre lang. Auch wenn sie es manchmal mit Ekel aßen (4.Mo 21:5). Sie bewahrten einen Krug in der Lade des Bundes auf, die im Allerheiligsten des Tempels stand. Erst als sie die Grenzen des verheißenen Landes überquerten, hörte das Man auf und sie aßen direkt von der Frucht Kanaans (Jos 5:12).

Uns ist dieses Wort köstlich und süß, so wie Israel das Manna süß war: „Es war aber wie Koriandersamen, weiß, und hatte einen Geschmack wie Honigkuchen" (2.Mo 16:31). Wir werden durch die Schriften ermuntert, wenn wir mutlos sind (Röm 15:4). Wir werden durch die Schriften getröstet, wenn wir traurig sind. Der *Gott* des Trostes redet *Worte* des Trostes durch die Worte des *Wortes* zu uns.

„Einen Gomer davon sollt ihr aufbewahren für eure Nachkommen" (2.Mo 16:32), lautete der Befehl Gottes an sein Volk. Es gab Zeiten, da brauchten Christen nichts mehr als nur das Wort und das Gebet. Heute braucht der Christ scheinbar zu jedem Problem des Lebens ein passendes Buch. Die Allgenügsamkeit der Schriften geht uns so langsam verloren. Das sollte nicht so sein.

„Und die Kinder Israels aßen das Manna 40 Jahre lang … bis sie zu dem Land kamen, in dem sie wohnen sollten" (2.Mo 16:35). So lange Christen unterwegs sind, sollen sie sich vom Wort Gottes nähren können. So lange Christen im Kampf stehen, sollten sie das Schwert des Geistes führen können. So lange Christen Rat geben, soll die Schrift ihr Kompass sein. Die Schrift kann und will das leisten, wenn wir uns auf sie verlassen.

„Und die Kinder Israels aßen das Manna 40 Jahre lang … bis sie an die Grenze Kanaans kamen, aßen sie das Manna" (2.Mo 16:35). Wenn wir dann im Himmel sind, werden wir das Wort nicht mehr brauchen, weil wir dann das Wort Gottes, Jesus Christus selbst (Offb 19:13), sehen werden. Von Angesicht zu Angesicht. Bis dahin aber sehen wir wie durch einen Spiegel unklar, indirekt und manchmal vielleicht auch verzerrt.

Und Mose sprach zu Aaron: „Nimm einen Krug und fülle einen Gomer voll Manna hinein und stelle es vor den Herrn, zur Aufbewahrung für eure Nachkommen" (2.Mo

16:33). Der Christus Gottes ist das Wort Gottes. In den Krug eines menschlichen Leibes füllte Gott die gesegneten Worte, die Jesus zu uns redete. Er war durchaus das, was er redete (Joh 8:25). Diese Deckungsgleichheit sollte auch bei uns zu finden sein.

So hat das Wort Gottes eine tiefe Bedeutung für uns. Es sättigt uns, es korrigiert uns, es offenbart uns Gott. Deshalb sollten wir sorgfältig mit dem Wort umgehen. Wir müssen uns an das Wort gewöhnen, unseren täglichen Bedarf finden und es unter der Leitung des Geistes lesen. Denn der Weg durch die Wüste ist lang. Und der „Mann mit dem Hammer" kommt bestimmt.

Die Frische des Geistes

Das Wasser aus dem Fels

2. Mo 17:1-7

In einer Werbung für ein heimisches Bier heißt es: „Die Krombacher Brauerei im Siegerland ist eine der größten deutschen Brauereien und liegt im Kreuztaler Stadtteil Krombach. Bereits 1803 gegründet wird sie versorgt mit Krombacher Felswasser aus einer Felsenquelle, die 1722 entdeckt wurde. Mit seinem feinwürzigen Aroma steht Krombacher für natürlich frischen Pilsgenuss." Wer Bier trinkt, weiß also, dass das beste Wasser aus dem Felsen kommt.

Das haben Biertrinker und Christen gemeinsam, auch wenn sie ansonsten nicht gerne in einem Atemzug genannt werden. Wer Glauben lebt, der weiß, dass das Wasser des Heiligen Geistes aus dem Felsen fließt, der Christus heißt. Dieses Leben ist an Werken unerschöpflich, an Leistung unermüdlich und in der Haltung liebevoll. Denn es geschieht aus der Kraft des gekreuzigten und auferstandenen Sohnes Gottes.

Diese Wahrheit lehrt uns eine Episode aus der Wüstenwanderung. Nämlich die von Massa und Meriba. Nachdem das erlöste Gottesvolk das Manna zur Speise bekommen hatte, tränkte der unsichtbare Gott es nachfolgend aus einem Felsen am Berg Horeb. So wurde das Murren der Erlösten, zumindest für eine kurze Zeit, zum Schweigen gebracht. Wir lesen davon in 2.Mo 17:1-7.

Die Frische des Geistes

Der Durst des Lebens,

Die Leiden des Christus

Der Überfluss des Geistes

Der Durst des Lebens

*Und die ganze Gemeinde der Kinder Israel brach auf aus der
Wüste Sin, nach ihren Zügen, nach dem Befehl des Herrn; und
sie lagerten sich zu Rephidim; und da war kein Wasser zum
Trinken für das Volk.*

(2.Mo 17:1)

Sie waren erlöst. Sie waren erschöpft. Sie hatten zu essen
bekommen. Nun aber hatten sie Durst. Sie waren auf dem
Weg von der Wüste Sin nach Rephidim. Eine Strecke von
ungefähr 50 Kilometern an der Westseite der Sinaihalbinsel
entlang. 600.000 Männer nebst ihren Familien hatten Durst.
Das ließen sie Mose wissen und der ließ es Gott wissen.

Im Kapitel 16 tat Gott etwas gegen den Hunger seines
Volkes. Im Kapitel 17 nun stillt er den Durst der Erlösten.
Treffenderweise bemerkt deshalb Arnold C. Gaebelein in
seinem Kommentar zum AT: „Exodus 16 und 17 gehören
zusammen, wie Johannes 6 und 7 in ähnlicher Weise
zusammengehören." Denn dort bezeichnet sich Jesus als
das „Brot" und das „Wasser" des Lebens.

Es sind zwei Dinge, an die der Erlöste sich nach seiner
Bekehrung gewöhnen sollte. Zum einen an die Sättigung
des inneren Menschen durch das Wort Gottes. Zum

anderen aber auch an die Darreichung des Heiligen Geistes (Phil 1:9) im Gebet. Diese beiden Dinge geben dem Gläubigen Kraft, den Weg durch die Wüste dieser Welt zu gehen. Und dies ist der Weg der Heiligung.

Es ist der Durst des Lebens, der uns zu Jesus treibt. Die emotionale Seite unserer Seele braucht mehr als das, was diese Welt ihr bietet. Aber auch nach unserer Bekehrung dürstet unserer innerer Mensch immer wieder nach der Erfüllung durch Heiligen Geist. Die Kämpfe des Lebens schaffen Durst nach ewigem Leben. Wir suchen immer wieder nach Erquickung, Trost und Erholung, wenn wir dem Herrn dauerhaft dienen.

Nicht umsonst treffen sich deshalb die Samaritanerin und der Herr an einem Brunnen in der Mittagshitze. Sie hatte alles versucht, aber den Durst nach Leben konnte nur *der* stillen, der nun vor ihr stand. Sie hatte viele Männer gehabt, auch wusste sie sich verbal durchzusetzen, aber *in* ihr verlangte etwas nach der Anbetung einer höheren, unsichtbaren Macht. Sie litt unter dem Durst des Lebens.

Der Psalmist drückt diesen Durst sehr plastisch aus: „Wie ein Hirsch lechzt nach Wasserbächen, also lechzt meine Seele nach dir, o Gott! Meine Seele dürstet nach Gott, nach dem lebendigen Gott: Wann werde ich kommen und erscheinen vor Gottes Angesicht? Meine Tränen sind mir zur Speise geworden Tag und Nacht, da man den ganzen Tag zu mir sagt: Wo ist dein Gott" (Ps 42:1-3).

Vielleicht ist dies auch deine Situation. Du hast dich bekehrt. Deine Sünden sind dir vergeben. Du liest das Wort Gottes. Aber irgendetwas in dir lechzt nach mehr. Kann es sein, dass Du nicht mehr betest? Denn durch Gebet wird dir der Geist Gottes dargereicht. Der Herr selbst lehrt jedenfalls: „Wie viel mehr wird der Vater, der vom Himmel ist, den Heiligen Geist geben denen, die ihn bitten" (Lk 11:13).

Der geschlagene Fels

Siehe, ich will daselbst vor dir stehen auf dem Felsen am
Horeb; und du sollst auf den Felsen schlagen, und es wird
Wasser aus demselben herauskommen, dass das Volk trinke. Und
Mose tat also vor den Augen der Ältesten Israels.

(2.Mo 17:6)

Das Murren der Israeliten richtete sich gegen Moses. Es trieb diesen einmal mehr in die Arme Gottes. Dieser gab ihm eine seltsame Anweisung. Er sollte einen Felsen am Berg Horeb schlagen. Dazu sollte er den Stab benutzen, mit dem er auch das Meer geteilt hatte. Der Prophet gab dieser Stätte in Folge die Namen „Massa" und „Meriba", zu deutsch „Versuchung" und „Hadern".

„Der Fels aber war der Christus", bemerkt der Apostel Paulus in 1.Kor 10:5 fast schon nebensächlich. Tatsächlich aber ist das hauptsächlich. Denn sie alle tranken aus dem Felsen. Der Fels barg einen unerschöpflichen Wasservorrat für das Millionenvolk. Ja, der Fels begleitete das Volk auf dem langen Marsch durch die Wüste. Er war ihnen also ein beständiger Versorger. Auch wenn wir uns das nicht vorstellen können.

Der geschlagene Fels ist ein Hinweis auf den leidenden Christus. Er wurde wegen unseres Aufbegehrens gegen Gott geschlagen. „Und wir hielten ihn für bestraft, von Gott geschlagen und niedergebeugt, doch um *unserer* Missetaten willen, war er verwundet, um *unserer* Missetat willen zerschlagen", klärt uns der Prophet Jesaja ca. 700 Jahre *vor* den Leiden des Christus in Jes 53:4-5 *über* die Leiden des Christus auf.

Es ist schon ein seltsames Paradox des Glaubens, dass ein von uns zugrunde gerichteter Mensch zum Ursprung unserer beständigen Kraft wurde. Aber mit der Folterung und Tötung Christi brachen die Dämme des Himmels. Seitdem fließen Ströme der Gnade aus dem Heiligtum Gottes. „Denn aus seiner Fülle haben wir alle empfangen, und zwar Gnade um Gnade" lässt uns Johannes in Joh 1:16 wissen.

„Fels des Heils, geöffnet mir, / birg mich, ew'ger Hort, in dir! / Lass das Wasser und das Blut, / Deiner Seite heil'ge Flut / mir das Heil sein, das frei macht / von der Sünde Schuld und Macht!", dichtete Augustus Toplady in Anlehnung an diese Begebenheit aus der Wüste deshalb treffend im Jahre 1776 in dem Lied „Rock of Ages". Die deutsche Übersetzung stammt von Ernst Heinrich Gebhardt (1832-1899).

In dieser Wahrheit liegt ein starker Trost. Das Blut Christi wäscht uns von all unseren Sünden. Der Geist Christi heiligt uns in der Wahrheit Gottes. Die Gegenwart Christi reicht aus für alle Herausforderungen des Lebens. Die Unveränderlichkeit Christi ist uns Orientierung in allen Irrungen und Wirrungen des Lebens. Mit Mose möchte man sagen „Der Fels: Vollkommen ist sein Tun; denn alle seine Wege sind recht" (5.Mo 32:4).

„Fels der Ewigkeiten, / Welten durch dich stehn, / Fels im Meer der Zeiten, / Hort im Sturmeswehn. / Fels, der in den Gluten / öder Wüste hier / sprudelt Lebensfluten: / Fels, dich preisen wir. / Jesus will fürs Leben / Fels und Stern dir sein; / Du brauchst nicht zu beben, / nie bist du allein. / Auf dem Felsen stehen, / schauend auf den Stern, / heißt, als Sieger gehen / in der Kraft des Herrn." (Georg von Viebahn, 1888-1915)

Das Leben im Überfluss

Und er gab dem Orte den Namen Massa und Meriba, wegen

des Haders der Kinder Israel und weil sie den Herrn versucht

hatten, indem sie sagten: Ist der Herr in unserer Mitte oder

nicht?

(2.Mo 17:7)

Der geschlagene Fels gab Wasser. Ein Millionenvolk konnte seinen Durst stillen. Nun waren sie sitt und satt. Dies war auch bitternötig. Denn sie erwartete ein Kampf. Von diesem lesen wir in den Versen 8-16. Amalek wartete darauf, die Schwachen und Müden niederzumetzeln. Aber das Volk Gottes stand in Saft und Kraft. Die Stärkung in Massa und Meriba war nötig, um es kampfesfähig zu machen.

„Wer an mich glaubt, gleichwie die Schrift gesagt hat, aus dessen Leibe werden Ströme lebendigen Wassers fließen" (Joh 7:38), rief der Herr auf dem Höhepunkt des Laubhüttenfestes vor den Ohren der Zuhörer aus. Damit sagte er nicht nur, dass er die Quelle des Heiligen Geistes sei, sondern auch, dass seine Nachfolger ein Leben im Überfluss des Geistes führen würden.

Ein Leben im Glauben ist ein Leben im Überfluss. Der Gläubige gleicht einem Brunnen, der beständig sein Wasser für viele gibt. Er ist unermüdlich in den guten Werken, die er betreibt. Er ist unerschöpflich in seinem Erfindungsreichtum. Er ist unveränderlich in seiner Geduld. Sein Kelch fließt über und tränkt auch sein Umfeld. Der Gläubige ist ein beständiger Segen für seine Mitmenschen.

Aber er ist Brunnen und nicht etwa die Quelle. „Alle meine Quellen sind in dir!" (Ps 87:7) kann er mit den Söhnen Korahs singen, denn er schöpft aus dem unerschöpflichen Reichtum des Christus. Sein Gnadenschatz ist niemals aufgebraucht. Er lebt das Geheimnis des Glaubens. Er bezieht seine Kraft aus einer lebendigen Beziehung zu dem lebendigen Gott.

Ich kenne einen Menschen, der tagein tagaus das Gleiche tut. Er wird dabei nicht müde. Er hat für böse Menschen immer ein gutes Wort übrig. Er begegnet den heillosen Angriffen seines Umfelds mit einem milden Lächeln. Er hat für jeden ein offenes Ohr, auch wenn er selbst so einiges zu erzählen hätte. Er hat sich vorgesetzt den Menschen, die er kennt, in der Kraft Christi zu dienen. Er ist ein Segen für sein Umfeld.

Ich habe 20 Jahre lang in den Alpen gewohnt. Auf meinen Wanderungen habe ich ein seltsames Phänomen beobachtet. Manchmal wuchsen Bäume aus den nackten Felsen. Als ich mir diese genauer anschaute, entdeckte ich, dass die Felsen Wasser führten. So konnte der kleine Baum doch grüne Nadeln tragen, obschon der Untergrund eher karg und unwirtlich war.

Ja, das beste Bier wird aus Felswasser gebraut. Und, ja, das beste Leben wird in der Kraft des Heiligen Geistes geführt. Es ist ein Leben im Glauben an den gekreuzigten und auferstandenen Christus. Er allein hat die Macht, den Durst des Lebens zu stillen. Und er allein hat auch die Kraft, die es braucht, um ein unermüdliches Leben zum Segen anderer zu führen.

Die Macht des Gebets

Der Kampf gegen Amalek

2. Mo 17:8-16

Die Gürtelrose ist ein seltsames Ding. Jeder, der als Kind einmal die Windpocken hatte, kann als alter Mensch auch die Gürtelrose bekommen. Die Varizellen, wie die Erreger heißen, „überwintern" nämlich ein Leben lang im zentralen Nervensystem des Menschen und kommen dann wieder zum Vorschein, wenn das Immunsystem aus irgendeinem Grund nicht mehr in der Lage ist, sie in Schach zu halten. Und dann wird es schmerzhaft.

Mit dem Fleisch ist es ebenso. ich meine hierbei unsere alte sündige Natur. Wir tragen sie vom Lebensanfang bis zum Lebensende mit uns herum. Daran ändert auch die Wiedergeburt zunächst einmal nichts. Immer wenn es uns schlecht geht, meldet sie sich zurück. In den Momenten der Einsamkeit und der Traurigkeit ist sie auf einmal wieder da. Sie ist hartnäckig wie die Varizellen. Wir müssen ihr mit viel Gebet und mit faktischem Kampf entgegentreten, wenn wir sie in Schach halten wollen. Ansonsten legt sie uns aufs Kreuz. Und das ist schmerzhaft.

Von dieser Wahrheit handelt die Geschichte Amaleks. Das marodierende Reitervolk aus dem Stammesgebiet Edoms fiel dem Volk Gottes in den Rücken, als es gerade aus der Knechtschaft Ägyptens erlöst war. Mose erkannte die Gefährlichkeit des Angriffs. Er stellte seinen Diener Josua an die Spitze der wehrfähigen Männer Israels und begab sich selbst auf einen Hügel, um den Stab Gottes in die Höhe zu halten. Diese denkwürdige Schlacht bescherte dem Gottesvolk den ersten Kampf und auch den ersten Sieg. Sie statuierte ein Exempel für die Härte Gottes im Umgang mit den Feinden seines Volkes. Wir lesen davon in 2.Mo 17:8-16.

Der Sieg über die alte Natur

Die Feindschaft von Geist und Fleisch

Unser Kampf gegen das Fleisch

Der Sieg im Gebet

Die Feindschaft von Geist und Fleisch

Und es kam Amalek und stritt wider Israel in Rephidim.

(2.Mo 17:8)

„Und es kam Amalek und stritt wider Israel in Rephidim" (2.Mo 17:8). Von Sin zogen die Israeliten nach Dofka und Alusch, ehe sie Rephidim erreichten (Num 33:12-13). Nun hatten sie Durst und es beschäftigte sie eine entscheidende Frage: „Ist der Herr in unserer Mitte oder nicht?" (2.Mo 17:7). Der Angriff Amaleks war giftig und gefährlich, weil er das unerfahrene Volk in einem Moment der Schwäche und des Zweifels traf.

Die Nachkommen Esaus (1.Mo 36:12) waren listig und griffen die Nachhut Israels an. Sterbend bläute Mose später dem Volk Gottes ein: „Gedenke dessen, was Amalek dir getan hat auf dem Wege, als ihr aus Ägypten zoget, wie er dir auf dem Wege entgegentrat und deinen Nachtrab schlug, alle Schwachen hinter dir her, als du matt und müde warst; und er fürchtete Gott nicht" (5.Mo 25:19).

Amalek ist ein Bild für das Fleisch, also die alte, sündige, Gott widerstrebende Natur in uns. Das Fleisch regt sich, wenn wir müde und enttäuscht sind. Es fällt uns an, wenn wir Zweifel an der Gegenwart Gottes in unserem Leben haben. Es sucht sich die aus, die zurückgeblieben und isoliert sind. Es wird stark, wenn wir im Glauben schwach werden. Es versucht, die Herrschaft Gottes in unserem Leben zu demontieren.

Plastisch beschreibt der Psalmist das Wirken des Fleisches: „Er (der Gesetzlose) sitzt im Hinterhalt der Dörfer, an verborgenen Örtern ermordet er den Unschuldigen; seine Augen spähen dem Unglücklichen nach. Er lauert im Versteck, wie ein Löwe in seinem Dickicht; er lauert, um den Elenden zu erhaschen; er erhascht den Elenden, indem er ihn in sein Netz zieht. Er duckt sich, bückt sich, und in seine starken Klauen fallen die Unglücklichen" (Ps 10:8-10).

Im Römer- und Galaterbrief leuchtet Paulus diese alttestamentliche Wahrheit geistlich aus. Sie gipfelt in dem Satz: „Denn das Fleisch gelüstet wider den Geist, der Geist aber wider das Fleisch; diese aber sind einander entgegengesetzt, auf dass ihr nicht das tuet, was ihr wollt" (Gal 5:17). Die Opposition der alten Natur gegen die neue wird hier klar. Es herrscht Krieg zwischen den beiden bis zum Lebensende.

Trotzdem Gott die gänzliche Ausrottung Amaleks ausdrücklich und aufs Schärfste befahl, gelang es dem

Gottesvolk niemals, dies zu tun. Die Unfähigkeit gipfelt in dem Ungehorsam Sauls, Amalek mit der Schärfe des Schwertes zu bekämpfen (1.Sam 15). So blieb das marodierende Reitervolk bis zu Zeiten Herodes einer der hartnäckigsten Feinde im Süden Israels. Der Befehl Gottes wurde nie umgesetzt.

An dieser Stelle wird uns klar, wovon unsere Begebenheit in 2.Mo 17 wirklich redet. Nämlich von dem immerwährenden, zähen Kampf des Gläubigen gegen seine alte Natur. Die Geschichte lehrt, dass dieser nur mit zwei Mitteln gewonnen werden kann, nämlich, erstens, mit dem konsequenten willentlichen Kampf des Gläubigen gegen seine sündigen Gewohnheiten und mit, zweitens, der Macht des Gebets.

Der Kampf gegen das Fleisch

Und Mose sprach zu Josua: Erwähle uns Männer und ziehe aus, streite wider Amalek; morgen will ich auf dem Gipfel des Hügels stehen, mit dem Stabe Gottes in meiner Hand.

(2.Mo 17:9)

Der Angriff Amaleks war die Stunde Josuas. Der Diener Moses wird hier zum ersten Mal in der Schrift erwähnt. Er war 27 Jahre jünger als Mose und somit 53 Jahre alt. Seine Aufgabe war es, im Tal zu kämpfen, während Mose auf dem Berg betete. Er war es, der Amalek schließlich mit der Schärfe des Schwertes in diesem Kampf zurückdrängte.

Josua symbolisiert den Geist Gottes, der uns lehrt, die Handlungen des Fleisches durch die scharfe Anwendung des Wortes Gottes zu töten. So drückt es zumindest Paulus im Römerbrief aus: „... wenn ihr aber durch den Geist die Handlungen des Leibes tötet, so werdet ihr leben" (Röm 8:13). Vielleicht hatte der Apostel auch den Kampf Josuas gegen Amalek vor Augen, als er diese Zeilen des Römerbriefs schrieb.

Der Kampf gegen das Fleisch hat eine sehr praktische Seite. So wie auch der Kampf Josuas etwas sehr Militärisches hatte. Das Fleisch will sündigen. Es kennt die

Zeiten, wann das gut zu machen ist. Es kennt auch die Art, wie wir es lieben. Es kennt die Plätze, wo wir die Sünde gerne tun. Insofern hat der Kampf gegen das Fleisch etwas sehr Konkretes, ja fast schon etwas Strategisches.

Ich möchte es einmal ganz konkret machen. Wer mich aufs Kreuz legen will, muss mit mir diskutieren. Am besten nach 21 Uhr. Dann nämlich werde ich langsam müde und reagiere sehr gereizt auf Provokationen. Es ist wichtig für mich, genügend zu schlafen und von Streitgesprächen jeder Art Abstand zu nehmen, um nicht dem Teufel auf den Leim zu gehen.

Immer wieder muss ich mir das Wort des Paulus ins Gedächtnis rufen: „Ein Knecht des Herrn aber soll nicht streiten, sondern gegen alle milde sein, lehrfähig, duldsam…" (2.Tim 2:24). Hier trifft mich die Schärfe der Schrift. Hier muss ich es sehr genau nehmen. Hier muss ich das Wort konsequent anwenden. Eben weil ich ein Hitzkopf bin, der auch heute noch gerne von dem Jähzorn seines Fleisches weggetragen wird.

So mag jeder seine Schwachpunkte selbst identifizieren. Ob es der Jähzorn, oder das Phlegma ist, ob es die Lust, oder die Unlust ist, ob es die Schweigsamkeit, oder die Plapperei ist, weiß jeder selbst am besten. Wir alle aber sollten darauf achten, dass uns nicht die Traurigkeit übermannt, die Einsamkeit uns findet und wir zurückbleiben und in der Nachfolge langsamer werden.

Der Glaubenskampf kennt also diese sehr praktische Seite, die in die Verantwortung des Menschen fällt. Der Geist treibt uns dazu an, aktiv Sünde zu orten und sie mit Entschluss zu eliminieren. Der Glaubenskampf hat aber auch die verborgene Seite des Gebets. Dieses ruft Gott auf den Plan und sichert uns den Sieg in der Sache, die wir gerade tun. Auf sie wollen wir im dritten Teil unserer Ausführungen eingehen.

Die Macht des Gebets

Und es geschah, wenn Mose seine Hand erhob, so hatte Israel
die Oberhand, und wenn er seine Hand ruhen ließ, so hatte
Amalek die Oberhand.

(2.Mo 17:11)

Während Josua in der Ebene kämpfte, erhob Mose auf dem Hügel den Stab Gottes. Solange es ihm gelang, hatte Israel den Sieg. Deshalb stützten Aaron und Hur ihm die Arme. Und auch deshalb gab man ihm einen Stein als Sitzhocker. Denn wenn der Stab sank, gewann Amalek die Oberhand. Der biblische Bericht scheint fast schon mehr Aufmerksamkeit auf das Tun Moses als auf den Kampf Josuas zu legen.

Der Dienst Moses auf dem Hügel spricht von dem hohepriesterlichen Dienst Jesu im Himmel. Während wir auf Erden kämpfen, betet er im Himmel für uns. „Gott aber sei Dank, der uns den Sieg gibt durch unseren Herrn Jesus Christus" (1.Kor 15:57). Der Widersacher möchte uns sichten wie den Weizen, der Hohepriester Gottes aber betet dafür, dass unser Glaube nicht aufhöre (Lk 22:31).

An dieser Stelle begreifen wir, dass es keinen Sieg ohne Gebet gibt. Jeder Sieg, den wir im Leben erringen möchten, muss auf Knien vorbereitet werden. Unser Entschluss mag noch so fest sein, unsere Strategie noch so ausgeklügelt, wenn es an Gebet fehlt, wird es uns nicht gelingen. Der Motor des Glaubens läuft gut, wenn er denn im Öl des Heiligen Geistes und des Gebetes arbeitet.

Wir wissen das. Und doch erliegen wir oft der Gebetslosigkeit. Wir werden schlichtweg nach einiger Zeit müde. Vielleicht werden wir auch mutlos. Auf jeden Fall aber sinken unsere Hände im Gebet. Hudson Taylor soll deshalb einmal, nach Gebetsanliegen befragt, gesagt haben: Betet, dass der Herr uns die Kraft gibt, auf den Knien zu bleiben.

Wenn du merkst, dass du nach anfänglichen Erfolgen in einer Sache nachlässt, dann bitte um Unterstützung im Gebet. Nebenbei gesagt ist es manchmal sowieso besser, andere für ein persönliches Problem beten zu lassen, als es selbst zu tun. Denn die „neurotische Fixierung" auf unsere ureigensten Probleme ist eine Sackgasse in der so mancher erfolgreich begonnene Kampf dann doch erfolglos versiegt.

„Darum richtet auf die erschlafften Hände und die gelähmten Knie", und "machet gerade Bahn für eure Füße, auf dass nicht das Lahme vom Wege abgewandt, sondern vielmehr geheilt werde" (Heb 12:12-13). „Wer mag sagen und ermessen, wie viel Segen uns entgeht, wenn wir nicht zu ihm uns wenden und ihn suchen im Gebet", heißt es in dem alten Lied „Welch ein Freund ist unser Jesus". Deswegen nimm das Gebet doch wieder auf, wenn du den Faden verloren haben solltest.

So stehen wir also in diesem inneren Kampf der neuen gegen unsere alte Natur. Vor allem dann, wenn wir einsam und traurig sind. Aber Gott ist mit uns und erwartet von uns den konsequenten Kampf gegen das eigene Fleisch mit dem Schwert der Schrift in der Hand. Er gab uns aber auch die Möglichkeit, ja die Aufgabe, zu beten. Das eine wie das andere wird benötigt, um diesen Krieg zu gewinnen. Ansonsten wird es schmerzhafter als bei der Gürtelrose.

Die Perspektive des Glaubens

Die Erkundung des Landes

4. Mo. 13 – 14

Für den Laubfrosch ist die Libelle ein Kampfhubschrauber, der bedrohlich über ihm schwebt. Für den Steinadler ist dieselbe Libelle ein willkommener „Antipasto", bevor er eine Maus attackiert. Ein und dasselbe Tier stellt für den einen eine Bedrohung und für den anderen eine Bereicherung dar. Es scheint tatsächlich alles eine Frage der Perspektive zu sein. Nicht nur im Tierreich.

Ähnlich verhält es sich mit der Beurteilung von Problemen. Ein Christ kann sie als unüberwindbares Hindernis, oder aber als eine für Gott machbare Sache einstufen. Alles ist auch hier eine Frage der Perspektive. Betrachten wir das Problem mit den Augen des Glaubens, oder mit den Augen des Unglaubens? Wir können schon bald nach Hause gehen, wenn wir uns weigern, die Dinge im Aufblick zum Herrn anzugehen.

Dieses Thema behandelt die Erkundung des gelobten Landes. Wir lesen davon in 4.Mo 13 -14. Nur 2 der 10

Botschafter, die von Mose aus der Wüste Paran in das gelobte Land geschickt wurden, kamen mit einer mutmachenden Botschaft zurück. Der Rest versagte und machte das Volk verzagt. Ihr entmutigender Bericht bescherte einer gesamten Generation den Tod und verlängerte die Wüstenwanderung um lange 38 Jahre.

Die Perspektive des Glaubens

Die Notwendigkeit der Bestandsaufnahme

Der Nachteil der „Frosch–Perspektive"

Der Vorteil der „Adler–Perspektive"

Die Notwendigkeit der Bestandsaufnahme

Sende dir Männer aus, dass sie das Land Kanaan auskundschaften, welches ich den Kindern Israel gebe; je einen Mann für den Stamm seiner Väter sollt ihr aussenden, jeder ein Fürst unter ihnen.

(4.Mo 13:2)

Der Herr meinte es gut mit Israel. Er wollte dem Volk einen Vorgeschmack auf ihre neue Heimat geben. Deswegen wurden 12 Männer ausgewählt, die das gelobte Land erkunden sollten. Mose gab ihnen diesbezüglich ein sehr klar formuliertes Mandat. Diesem folgten sie und kamen nach 40 Tagen zurück. Mit sich brachten sie eine Traube aus dem Tal Eskol, sozusagen als Beweis für die Güte des Landes.

Gott will, dass wir uns ein Bild machen. Dies gilt sowohl für himmlische als auch für irdische Dinge. Die himmlischen Dinge werden uns vom Heiligen Geist übermittelt. Die irdischen Dinge unterliegen der Beobachtung unserer Augen. Wir sollen nach dem Willen Gottes in der Erkenntnis wachsen. Dies betrifft sowohl das Reich Gottes, als auch die Welt, in der wir leben.

Insofern sind Christen Realisten. Denn alles beginnt mit einem ungeschönten Blick auf die Realität, die sich uns bietet. Auch dann, wenn diese uns nicht gefällt. Dies musste, beispielsweise, Jeremia bei seiner Berufung lernen. Denn Gott zeigte ihm als Allererstes den bevorstehenden Untergang Jerusalems im Jahr 586 v. Chr. in einer Vision. Wer die Realität nicht anerkennen möchte, der wird bald schon weltfremd und naiv.

Christen sind aber auch Surrealisten. Denn sie beschäftigen sich nicht nur mit der Wirklichkeit hier unten, sondern auch mit der Wahrheit dort oben. Gott will, dass wir die Dinge kennen, die uns von ihm geschenkt sind. Und hier überragt die himmlische Perspektive die irdische. Obwohl Christen sehr deutlich die nackte Wahrheit dieses Lebens sehen, rechnen sie doch mit der überragenden Wirklichkeit, die helfen kann.

Als Nehemia beurlaubt wurde, um die Mauern Jerusalems wiederaufzubauen, da unternahm er einen nächtlichen Streifzug durch die zerstörte Heilige Stadt. Niemand war bei ihm als nur sein Lasttier. Er machte sich ein Bild von der Aufgabe, die zu tun war (Neh 2:11-15). Er brauchte keinen, der ihm die Welt erklärte. Er traute seinen

Augen und er traute seinem Gott. Und dieses doppelte Vertrauen sollte belohnt werden.

Wann immer du ein Werk für den Herrn tun möchtest, solltest du dir zuvor ein Bild machen. Dieses wird nicht immer rosig sein. Aber es sollte zumindest klar und deutlich sein. Das meiste, was wir anpacken, ist das, was andere uns liegen gelassen haben. Oftmals bietet sich ein Bild von Schutt und Asche, aber unter dem befinden sich die kostbaren Güter des Glaubens, die wir haben wollen.

Rein menschlich gesehen sind die Dinge zunächst einmal bedrohlich und übermächtig. Wir sehen sie gleichsam aus der Perspektive des Laubfrosches, nämlich von unten. Rein himmlisch gesehen sind dieselben Dinge aber nichtig und klein. Wir sehen sie mit den Augen des Adlers, nämlich von oben. Wir wollen im Folgenden beide Perspektiven betrachten, um die *Tragik* der einen und den *Triumph* der anderen Perspektive zu begreifen.

Der Nachteil der „Frosch-Perspektive"

Auch haben wir dort die Riesen gesehen, die Kinder Enaks,

von den Riesen; und wir waren in unseren Augen wie

Heuschrecken, und also waren wir auch in ihren Augen.

(4. Mo 13:33)

Die Kundschafter kehrten nach 40 Tagen zurück. Zehn von ihnen bestätigten, dass es ein gutes Land war, das sie gesehen hatten. Sie erwähnten aber auch, dass es gut befestigt war. Und dann fügten sie ihren Ausführungen aber auch eine bösartige Spekulation hinzu: Das Land fräße seine eigenen Bewohner, denn die ihm innewohnenden Riesen, seien unbezwingbar.

Die Schrift zeigt uns hier die Tragik des Unglaubens. Er führte, im konkreten Fall, dazu, dass die Wüstenwanderung nicht 2, sondern 40 Jahre dauerte. Eine ganze Generation des erlösten Volkes wurde durch den Unglauben der zehn Stammesführer aufgerieben. Mit Jesus möchte man hier sagen: „Wer nicht glaubt, ist schon gerichtet" (Joh. 3:18).

Ich habe 20 Jahre unter Menschen gedient, für die das meiste nicht einfach zu realisieren war. Zuerst dachte ich, ihre Mutlosigkeit sei eine Art „genetischer Defekt". Dann beschlich mich der Verdacht, dass sie das Produkt von langer politischer Unterdrückung gewesen sein könnte. Letztendlich aber kam ich zu dem Schluss, dass es einfach fehlender Glaube war, der vieles unmöglich machte.

Oft, wenn man diesen Geschwistern einen Vorschlag machte, entgegneten sie: Weißt du, das ist nicht so einfach! Tatsächlich war es das nicht. Aber es war auch nicht unmöglich. Missionare, die dort waren, hatten das Land wieder verlassen. Sie sagten, dass sie in ihrer Heimat in viel weniger Zeit, viel mehr erreichen konnten. Und tatsächlich: Es lag ein seltsames Blei auf allen Dingen, die man für den Herrn tun wollte.

Wer jemals die Biene Maja geschaut hat, weiß, was wir meinen. Denn der Weggefährte der kessen kleinen Biene war ihr stets verzagter Begleiter Willy. Der trug eine „Besserwisserbrille" und quittierte alle Vorhaben seiner Artgenossin mit einem nasal verzagten Nörgeln: „Ich weiß nicht, das schaffen wir nie, nie schaffen wir das!" Doch die kleine Biene Maja ließ sich nicht von ihm abhalten.

Die Froschperspektive hat etwas Tragisches. Sie verzerrt die Wirklichkeit zu unseren Ungunsten. Der Frosch ist umgeben von riesigen Grashalmen, die ihn erschlagen könnten. Er muss fürchten, jeden Moment von einem

Passanten zertreten zu werden. Dieses unglückliche Dasein macht ihn hässlich, nörgeln und quaken. Auf Dauer will ihn keiner hören, geschweige denn, dass ihn irgendjemand küssen möchte.

Es ist kein Kavaliersdelikt, keinen Glauben zu haben. Denn dein persönliches Misstrauen gegen Gott macht auch andere verzagt. Je größer Dein Ansehen ist, desto stärker fällt dann die durch dich verursachte Verunsicherung aus. Das war das Dilemma der zehn Kundschafter. Sie sagten „ja… aber". Und wann immer du über Projekte diskutierst, achte auf diese Konstellation. Denn das Maßgebliche kommt meist erst nach dem „aber".

Der Vorteil der „Adler–Perspektive"

Das Land, das wir durchzogen haben, um es auszukundschaften, das Land ist sehr, sehr gut.

(4.Mo 14:7)

Der Bericht Josuas und Kalebs war anders als der der restlichen zehn Kundschafter. Sie waren zuversichtlich. Sie ermunterten zur Landnahme. Sie betonten die Güte des Landes, nicht etwa die Größe der Riesen. Vor allem aber: Sie sprachen von Gott. Und damit sprachen sie die Sprache des Glaubens. Sie betrachteten die Kanaaniter als bereits besiegt und das machte ihre Rede mutig und motivierend.

Die Schrift zeigt uns hier den Triumph des Glaubens. Dieser erkennt zwar die Größe der Probleme an, ordnet sie aber der überlegenen Größe Gottes unter. Mit Johannes möchte man hier sagen: „Dies ist der Sieg, der die Welt überwunden hat: unser Glaube" (1.Joh 5:4). Der Glaube der Heiligen hat eine motivierende, ansteckende Kraft für den, die ihn beobachten.

Wie sieht es da bei uns aus? Was für ein Bild geben wir da ab? Man kann ja bekanntlich immer eine *gute* oder eine *schlechte* Figur machen. Je nachdem, ob man glaubt oder nicht. Was wir Gott zutrauen, hat einen entscheidenden

Einfluss auf das, was wir sagen und auf das, was wir tun. Motivieren, oder demotivieren wir unser Umfeld durch unsere Haltung zu den Problemen, die sich uns bieten?

Haben wir vorher von Willy geredet, so müssen wir jetzt von der Biene Maja sprechen. Sie war, genau wie Willy, eine Biene. Sie lebte in derselben Umgebung wie ihr Weggefährte. Aber in ihr war ein anderer Geist. Nämlich der, der Unternehmenslust, der Neugier und des Mutes. Das machte sie zu einem unerschöpflichen Antreiber und zu einer beständigen Herausforderung für ihren sorgenvollen Weggefährten.

Von ihr dürfen wir lernen. Ja, wir sollten uns ein Bild machen, ungeschönt und ungeschminkt. Aber dann sollten wir auch Mut fassen und nach oben schauen. Wir sollten sagen: „Bei Gott ist kein Ding unmöglich" (Luk. 1:37). Wenn er uns in den Kampf schickt, dann gibt er uns auch den Sieg. Und wenn er uns einen Auftrag gibt, dann gibt er uns auch die Mittel, ihn zu erfüllen.

Wir dürfen die Dinge aus der Adlerperspektive sehen. Sozusagen mit den Augen Gottes. Das bedeutet zum Einen, dass wir seine überlegene Größe über alle Probleme unseres Lebens anerkennen. Das bedeutet aber zum andern auch, dass wir die Dinge von der Vollendung her sehen. Wenn dich eine Schwierigkeit ereilt, solltest du sagen: „Ich bin schon ganz gespannt, wie der Herr dieses Problem wieder lösen wird!"

So sollten Christen sich ein Bild machen, bevor sie an die Arbeit gehen. Eine schonungslose Bestandsaufnahme ist wichtig, um zielführend arbeiten zu können. Wir sollten die zu beurteilenden Dinge, aber besser mit den Augen des Adlers und nicht mit den „Glubschern" des Frosches betrachten. Denn wenn Gott einen Auftrag gibt, dann gibt er auch die Mittel, ihn zu erfüllen. Der sieghafte Glaube ist und bleibt also eine Frage der Perspektive.

Die Rettung aus Sünde

Die eherne Schlange

4. Mo 21:4-9

Dot und Antidot. Gift und Gegengift. Seit der Antike gibt es sie. In der modernen Medizin spielen Gift und Gegengift eine große Rolle. Für das Heparin ist es das Protaminsulfat, für das Cumarin das Vitamin K, für das Kurare das Neostigmin. Sollte man ein Medikament überdosiert haben, so kann man es mit einem anderen neutralisieren.

Ähnliches gilt für das geistliche Leben. Es gibt ein Gegengift für das der Sünde, nämlich den Sohn Gottes, der für uns zur Sünde gemacht wurde. Wann immer ein Mensch bemerkt, dass er unter dem Gift der Sünde leidet, sollte er seinen Blick nach Golgatha lenken. Denn dort gibt es Heilung und Rettung für ihn. Der Blick auf den gekreuzigten Sohn Gottes kann uns retten, vor dem, was uns umbringt, nämlich der Sünde.

Gott malt ein sehr eindrückliches Bild, um uns diese Wahrheit verstehen zu lassen. Wir finden es in 4. Mo 21:4-9. Israel begehrt gegen Gott auf. Dieser sendet ihnen giftige Schlangen. Selbige wiederum führen Israel zur Buße. Gott gibt ihnen ein Symbol der Errettung. Dieses ist identisch mit dem Grund ihres Leidens. Eine eiserne Schlange soll auf einem Pfahl erhöht werden, damit sie jeder sehen kann.

Die Rettung aus Sünde

Warum wir gerne sündigen

Wie Gott uns von Sünde überführt

Wie Gott uns von Sünde befreit

Warum wir gerne sündigen

Und sie brachen auf vom Berge Hor, des Weges zum
Schilfmeer, um das Land Edom zu umgehen. Und die Seele des
Volkes wurde ungeduldig auf dem Wege.

(4. Mo 21:4)

Sie waren auf dem Weg ins gelobte Land. Soeben hatten sie einen Sieg über den König von Arad davongetragen (4.Mo 21:1-3). Aber das hielt sie nicht davon ab, gegen Gott und Mose aufzubegehren. Sie waren misstrauisch und fühlten sich hinters Licht geführt. Ja, sie bezeichneten das Himmelsbrot als „magere Speise", vor der es ihnen geradezu ekelte.

„Sie wurden müde von Brot vom Himmel / Und von Mose und von Gott / Sie sehnten sich danach, wieder in der Sklaverei zu leben / So murmelten sie und murrten / Und sie wimmerten und jammerten; / Mit jedem ungläubigen Wort sanken sie tiefer in die Sünde" beschreibt Michael Card in dem Lied „Lift up the suffering symbol" den Zustand der Volksseele an diesem Punkt.

Gott hält uns hier den Spiegel vor. Denn er kennt das heimliche Aufbegehren gegen ihn. Es äußert sich in der Rebellion   gegen   die   uns   gegebenen

Leitungspersönlichkeiten. Es äußert sich aber auch, in der Verachtung des Wortes Gottes. Wir haben es satt, täglich die Bibel lesen zu müssen. Für diese Rebellion sind wir seltsamerweise gerade dann anfällig, wenn wir Siege davongetragen haben und es uns gut geht.

Wie seht es bei dir aus? Beruflich geht es dir gut. Zugegeben, du arbeitest mehr, als du solltest. Aber man muss den günstigen Wind eben nutzen, sagst du. Gehst du noch zur Gemeinde, auch wenn du nicht mehr so viel von ihr hältst? Du liest vielleicht noch das Wort Gottes oder zumindest die Losungen. Aber eigentlich sagt dir der Begriff „Nachfolge" nicht mehr viel.

So war es in dem Leben eines mir bekannten Ehepaars. Sie hatten zwei Kinder. Sie waren voll in die Gemeinde integriert. Sie leisteten erfolgreich Freundschaftsevangelisation. Bis auf den Tag, da ihr Auto einen Aufkleber trug: „Herbalife". Fortan gingen sie dem Gewinn nach. Heute sind sie geschieden. Er hatte sich eine andere genommen. Sie liefen gut. Aber es war ihnen nicht gut genug.

Wir sollten hellhörig werden, wenn Geschwister dauerhaft gegen Leitungspersönlichkeiten aufbegehren. Nicht selten sind Kritiker mit Gott selbst nicht einverstanden. Wir sollten auch hellhörig werden, wenn Geschwister immer wieder die Verlässlichkeit der Schrift anzweifeln. Und wir sollten sehr genau hinschauen, wenn einer zum geistlichen Höhenflug abhebt. Denn wer hoch steigt, der fällt auch tief.

Es bleibt dabei: Wenn es uns gut geht, sind wir in Gefahr und wenn es uns schlecht geht, suchen wir Gott. Bittere Niederlagen bekommen uns geistlich in der Regel besser als süße Siege. Äußerlicher Wohlstand schadet der Glaubenskultur wohl eher als staatliche Verfolgung. Und „Hochmut kommt vor dem Fall, und der Ehre geht Demut voraus" (Spr 18:12).

Wie Gott uns von Sünde überführt

Da sandte der Herr feurige Schlangen unter das Volk, und sie
bissen das Volk; und es starb viel Volks aus Israel.

(4.Mo 21:6)

Israel klagte und murrte. Die Antwort des Herrn war drastisch. Er sandte Schlangen unter das Volk. Im Hebräischen hießen sie „Seraph". Das bedeutet so viel wie „brennend". Ihr Biss war tödlich. Viele Israeliten starben auf der Stelle. Das brachte den lebenden Rest zur Einsicht. Sie erkannten, dass sie gesündigt hatten. Dies sagten sie Mose und dieser sagte es Gott.

„Er (Gott) nahm die Feder des Schmerzes noch einmal / Um auf ihre Herzen zu schreiben / Die Lektion, die sie so langsam gelernt hatten / Aber in den Sand schreibend, kamen die feurigen Schlangen, um sie zu rufen / Mit einer heiligen Botschaft und einem Biss, der brannte", dichtet Michael Card weiter in dem zuvor erwähnten Lied „Lift up the suffering symbol".

Das Gift der Sünde mag dem der Seraph verglichen werden. Die Sünde kommt von unten und beißt uns in unsere Ferse. *Wo* wir die verwundbare Achillessehne unseres Wesens tragen, ist dabei egal. Die Sünde steigt uns zu Kopf und macht uns fiebern. Am Ende tötet sie uns. Zwar nicht körperlich, aber doch geistlich. Immer aber schädigt sie Teile unserer Persönlichkeit nachhaltig.

Gott, der Herr, lässt uns in Sünde fallen, wenn wir hochmütig werden. Die Schrift warnt uns: „Daher, wer zu stehen sich dünkt, sehe zu, dass er nicht falle" (1.Kor 10:12). Wer sich über seiner gottgegebenen Gabe überhebt, den lässt Gott ins „Giftfass" der Sünde fallen. Seine erzieherische Strenge gebietet unserem himmlischen Vater, die Launen seiner Kinder nicht ohne Weiteres durchgehen zu lassen.

Er war errettet. Aber er war auch ohne jeden Zweifel ein „Süchtling". Er hatte drei Therapien absolviert und kam zur vierten zu uns. Er brach sie nach einigen Wochen ab. Er sei jetzt wieder fit. Er zog zurück in seine Heimat, betrank sich und überfuhr an einem Fußgängerüberweg zwei Menschen. Nach deren Begräbnis ging er hin und setzte sich den „goldenen Schuss".

Wie das in d*einem* Leben aussieht, magst du selbst bewerten. Aber Gott benutzt deine Sünden, um dich zur Buße zu bringen. Er bringt dich nach dem Höhenflug wieder auf die Knie. Und dort kommst du zur Einsicht. Und das solltest Du dem Herrn Jesus sagen. Und der sagt es Gott.

Und der kann der Plage wehren. „Und doch ist's ein brennend Feuer, vor der Treue steh'n als Ungetreuer" (D. Bonhoeffer).

So ist und bleibt es wahr: Gott führt auch Gläubige zur Buße. „Denn wenn es der Kuh zu gut geht, dann geht sie aufs Eis." Und von dem bekommt man sie bekanntlich nur mit viel Mühe wieder hinunter. Vielleicht bricht sie auch ein. Aber sie fällt nie tiefer als in Gottes Hand. Und das ist das Tröstliche an der Sache: dass der große Gott viel größer ist als all unser Versagen.

Wie Gott uns von Sünde befreit

Und Mose machte eine Schlange von Erz und tat sie auf die
Stange; und es geschah, wenn eine Schlange jemand gebissen
hatte, und er schaute auf zu der ehernen Schlange, so blieb er am
Leben.

(4.Mo 21:9)

Sie standen also knöcheltief in den feurigen Vipern. Da gab Gott dem Mose einen seltsamen Befehl. Er sollte den Grund ihrer Leiden zum Symbol ihrer Rettung machen und es, für alle sichtbar, auf einen Pfahl aufhängen. Wer immer auf die bronzen-rote Schlange schaute, sollte leben, obwohl er vielleicht schon gebissen war und vor Fieber glühte.

„Also machte Moses eine Metallschlange, / Und nagelte sie an einen Pfahl / Und sandte das rettende Wort aus, damit sie (die Israeliten) wüssten / Dass das Symbol ihres Leidens nun der Mittelpunkt ihres Glaubens war / Und mit einem gläubigen Blick würde die heilende Kraft fließen" beschreibt Michael Card in der dritten Strophe des Liedes: „Lift up the suffering symbol" diese seltsame Rettungsaktion Gottes.

Die geistliche Bedeutung dieses antiken Ereignisses erklärt niemand Geringerer als der Herr selbst in einer nächtlichen Unterhaltung mit einem Pharisäer namens Nikodemus, das ungefähr 1500 Jahre später stattfand: „Und wie Mose in der Wüste die Schlange erhöhte, so muss der Sohn des Menschen erhöht werden, damit jeder, der an ihn glaubt, nicht verloren geht, sondern ewiges Leben hat" (Joh 3:14-15).

Du bist dir deiner Sünden sehr bewusst. Du weißt, dass deine Haltung und deine Handlungen nicht in Ordnung sind. Du würdest da auch gerne wieder rauskommen, aber du steckst irgendwie zu tief schon drin. Das ist der Moment, wo du auf Jesus schauen solltest. Denn dieser Glaubensblick rettet dich. Denn der Herr wurde zur Sünde gemacht, damit du deiner Sünden Herr würdest.

Jan Vering berichtet in seinem „Lesebuch" von einem Mann, der nach einem Konzert von ihm, einfach sitzen blieb. Als er in aufsuchte und mit ihm sprach, stellte sich heraus, dass der „Sitzenbleiber" seinen Vater umgebracht hatte. „Glaubst du, dass es Hoffnung für mich gibt?", fragte der Mörder den Sänger. Dieser sang ihm das Lied „O Haupt voll Blut und Wunden". Der Mann bekannte und wurde errettet.

Wir begreifen nur sehr schwer die Natur des rettenden Glaubens. Denn der hat viel mit unserer Blickrichtung zu tun. Sehen wir auf uns selbst, so gehen wir unter. Suchen wir in uns selbst, so wird uns schwindlig. Blicken wir aber auf Jesus, dann werden wir gerettet. Deswegen: „Blicke nur auf Jesus. Seele eil' ihm zu. Der für dich gelitten, gibt dir Fried und Ruh", ermuntert uns das alte Erweckungslied.

Gift und Gegengift. Dot und Antidot. Wie in der Medizin, so im Glauben. Wir sündigen gerne, weil wir von Natur aus Sünder sind. Manche von uns leiden aber unter der Sünde. Sie möchten ihrer Herr werden. Ihnen gilt die Frohe Botschaft. „Den, der Sünde nicht kannte, hat er für uns zur Sünde gemacht, auf dass wir Gottes Gerechtigkeit würden in ihm" (2.Kor 5:21). Deshalb: Blicke auf ihn und werde errettet!

Nachwort

Damit wären wir am Ende unserer Wüstenwanderung angekommen. Wir sind den kürzeren Weg gegangen. Denn der Längere hätte einige Stationen mehr gehabt. Zum Beispiel die des Tanzes um das Goldene Kalb, oder auch die des Aufstandes der Rotte Korahs, oder die der Listen Bileams, oder, oder, oder…

Nun aber waren es sieben ausgewählte Stationen aus dem "Freiluft – Versuchslabor" Gottes. Die Ergebnisse der göttlichen Testung sind ernüchternd. Sie zeigen, dass Menschen versagen, wenn sie unter Druck kommen. Sie zeigen aber auch, dass Gott größer ist als alles Versagen des Menschen.

Auf jeden Fall brauchen wir länger, um zu wirklich nachhaltigen Veränderungen zu kommen. So viel steht fest. Deshalb dürfen wir aber auch dankbar dafür sein, dass manches in unserem Leben länger dauert als geplant. Eben deshalb sollten wir aber auch unter dem Joch des Wartens bleiben. Denn Gott schafft Auswege und Lösungen. Zu seiner Zeit.

Einer, der zum Warten gezwungen war, war der deutsche Theologe und Widerstandskämpfer Pastor Dietrich Bonhoeffer. Viele seiner Schriften entstanden während der Haft. Er nutzte dort die Zeit zum Schreiben. Im September 1944 schrieb er das Gedicht "Der Tod des Moses". Es stellt eine autobiografische Aufarbeitung des Scheiterns des Widerstands in NAZI – Deutschland dar.

Wegen der poetischen Schönheit, aber auch wegen der wahrhaftigen Darstellung des Dramas der Wüstenwanderung, sei hier ein Auszug aus diesem Gedicht wiedergegeben. Mit ihm wollen wir unsere literarische Reise durch die Geschichte Israels in der Wüste beenden.

Ob es Deine Gnaden waren oder Strafen
immer kamen sie und trafen.
Aus dem Frondienst hast Du uns gerettet,
uns in Deinen Armen sanft gebettet,
bist durch Wüste und durch Meereswogen
wunderbar vor uns einher gezogen,
hast des Volkes Murren, Schreien, Klagen
überlange in Geduld getragen.
Nicht durch Güte ließen sie sich leiten
zu des Glaubensweges Herrlichkeiten,
ließen Gier und Götzendienst gewähren,
statt vom Brot der Gnade sich zu nähren,
bis Dein Zorn mit Pest und Schlangenbissen

tiefe Lücken in Dein Volk gerissen.

Des verheißnen Landes künft'ge Erben

fielen als Empörer ins Verderben.

In der Mitte ihrer Wanderschaft

hast Du sie im Grimm hinweggerafft.

Wolltest eins nur an den Deinen schauen:

Zuversicht und gläubiges Vertrauen.

Aber alle, die Dir Treue schwuren,

die am Schilfmeer Deine Macht erfuhren,

von Dir haben sie ihr Herz gewandt;

ihre Leiber deckt der Wüstensand.

Die zu ihrem Heil Du geführt,

haben Aufruhr gegen Dich geschürt.

Von dem einst begnadeten Geschlecht

blieb Dir auch nicht einer treu und recht."

("Der Tod des Moses", Dietrich Bonhoeffer)

Wenn Menschen uns fordern, dann formt Gott uns. So wie David. Mehr als andere biblische Figuren wird der Vorläufer des Messias als Sonnenkönig im Gefüge von menschlichen Trabanten gesehen. Diese erprobten seinen Mut, seine Treue, seine Liebe, seine Güte, seine Keuschheit, seine Strenge, seine Vergebungsbereitschaft und vieles mehr. Von ihm dürfen wir lernen, unsere Mitmenschen als Chance zur Veränderung zu sehen.

Paperback
90 Seiten
ISBN-13: 9783759777386
Verlag: BoD - Books on Demand
Erscheinungsdatum: 08.08.2024
Preis: 7,70 Euro